El secreto de Antoni Tàpies

Massimo Recalcati

EL SECRETO DE ANTONI TÀPIES

Reflexiones sobre la poética del muro

NED ediciones

Título original en italiano: *Il destino della lettera. Antoni Tàpies*

Corrección: Marta Beltrán Bahón

Cubierta: Juan Pablo Venditti

Primera edición, enero de 2020, Barcelona

Preimpresión: Fotocomposición gama, sl

ISBN: 978-84-16737-81-9
Depósito Legal: B. 185-2020

Impreso en PodiPrint
Printed in Spain

Ned Ediciones
www.nedediciones.com

Índice

«Extraño destino escrito en mi nombre».

A. TÀPIES

Introducción

Este breve texto se concentra en la obra pictórica de Antoni Tàpies. No a través de la mirada del historiador del arte, sino de aquella de un psicoanalista que se interesa por la pintura y el proceso creativo. En primer plano no está la visión panorámica de la vasta y extraordinaria producción del gran maestro catalán ni la reconstrucción filológica de las influencias y de los debates artísticos que han atravesado su trabajo. Más bien me he interesado en el secreto de Tàpies, en el modo a través del cual accede a un estilo inconfundible. Está en juego el proceso de la creación artística: ¿cómo ocurre? ¿Cuál es su génesis? ¿Cómo Antoni Tàpies se convierte en Antoni Tàpies?

El acto creativo se parece a un corte traumático que separa al artista del mundo ya visto y conocido. Cada gesto se vuelve creativo cuando interrumpe el orden consolidado del mundo. Es necesario un tiempo de olvido, una inmersión, un hundimiento, una turbación. Es necesario alejarse, salir fuera de la escena ya vista y conocida del mundo. Cada acto de creación sucede sobre el fondo de una ausencia, genera un vacío, abre un espacio nuevo. En este libro he querido mostrar a través del itinerario de Tàpies cómo el gesto creativo, aun teniendo la naturaleza traumática de un corte, sólo puede suceder sobre el fondo de una repetición necesaria. Por un lado, debemos concebir el gesto del artista como una creación *ex nihilo* —desde la nada—, un acto herético que perfora la superficie consistente en lo ya hecho, ya dicho, ya visto. Sin embargo, por otro lado, este acto no puede dejar de traer consigo la memoria de su proveniencia, no puede más que inscribirse en el surco de una repetición. En efecto, la creación no es lo opuesto a la repetición, sino un pliegue interno de ella, una torsión singular. Cada artista se encuentra, al mismo tiempo, libre y vinculado, abierto y constreñido, expuesto a la contingencia de su acto singular y ligado a la inexorabilidad necesaria de la repetición. Éste es el paradigma-Tàpies que trato de construir en estas páginas. Es la misma dialéctica que el psicoanálisis encuentra en el centro del proceso de subjetivación: toda vida halla su forma singular a través de la recuperación de la necesidad de su proveniencia y la apertura a la contingencia ilimitada del propio suceder. Seguiremos de cerca la intensa dialéctica que se desarrolla entre memoria y olvido, repetición y libertad, necesidad y contingencia y que conduce al artista catalán a inventar una nueva y originalísima poética: la poética del muro.

Todo acto creativo separa la obra de todo aquello que ya ha ocurrido, del pasado sedimentado de la historia del arte que lo ha precedido, pero sólo puede hacerlo si se sumerge en la repetición de esa historia. Es algo que ilumina profundamente la relación entre la biografía y la obra: si la obra no deriva de manera determinista —patográfica— de la biografía, como un mal psicoanálisis aplicado al arte ha creído, la biografía está siempre inmersa en la obra, hasta el punto de que la obra misma acaba revelando la verdad más radical de la biografía. No para ser sencillamente determinada por la biografía, sino para hacerse ella misma biografía del artista. No es, pues, la biografía la que determina la obra —la obra no es un efecto de la biografía—, sino que es la obra la que ilumina retroactivamente la biografía. Éste es el caso-paradigma de Antoni Tàpies. No hay biografía por una parte y obra por la otra; no hay biografía que explica la obra; no hay obra como producto de la biografía. La investigación artística de Tàpies se encuentra circundando, sin haberlo programado, el secreto contenido en su propio nombre, la raíz primera de su biografía. En su acto creativo, él llega a ver ante sí, en una forma absolutamente nueva, nunca antes vista, lo que su existencia desde siempre ha sido. De este modo, la libertad absoluta y contingente de la creación se une con aquella que el mismo Tàpies define como «una necesidad profunda». En este caso es la obra la que ilumina la biografía y no la biografía la obra. La poética del muro que empieza a delinearse en la segunda mitad de los años 1950 resume líricamente este paso vertiginoso: los muros parece que se erigieran de repente, saliendo de una noche y un silencio antiguos; llegan desde otra escena. El artista los observa salir a la luz en un movimiento autónomo y perturbador. El secreto de Tàpies está totalmente allí, a plena luz: su propio nombre, Tàpies, que en catalán significa «muro», se ha impreso de modo indeleble en la obra, se ha convertido en «obra». La biografía no explica la obra, sino que se ha convertido en obra. No está primero la biografía y luego la obra, sino que la obra se convierte en biografía, la obra que da una forma nueva a la vista misma del artista. La obra realiza, en otras palabras, el destino contenido en el nombre del artista. No refleja pasivamente la biografía, sino que la ilumina retroactivamente. La libertad anárquica de la creación se reunifica misteriosamente con el destino del sujeto. Pero ¿no es acaso precisamente esta reunificación la que encontramos siempre en las grandes obras de arte? ¿No es en ella donde deberíamos ver el secreto último de

Antoni Tàpies? ¿El secreto de la reunificación de necesidad y contingencia, de la propia existencia con el propio destino? La creación no es liberación del peso de la necesidad; la obra de arte no es un «antimundo» respecto del mundo. Más bien la lección que podemos obtener del paradigma-Tàpies es que la obra encarna un mundo. Y que este mundo revela al sujeto que lo crea su cifra más radical. El secreto de Tàpies coincide entonces con el secreto mismo del mundo.

Milán, octubre de 2019

Contingencia y necesidad

La forma humana de la vida está constituida por la dualidad de necesidad y contingencia. Ella no puede prescindir de su pasado —su necesidad— ni de su porvenir —su contingencia—. La forma humana de la vida es, por un lado, el resultado siempre indeterminado de la propia proveniencia, del propio pasado, de las marcas que el Otro ha inscrito en su existencia, y es, por otro lado, la recuperación incesante y nunca agotada de esta necesidad en su apertura hacia el futuro.

El proceso creativo del que deriva el acontecimiento de la obra de arte —como el proceso de subjetivación a través del cual la vida humana adquiere su forma— trae siempre consigo la dualidad de necesidad y contingencia y la tensión no resuelta que lo atraviesa. No existe creación artística que no sea la puesta en forma inédita y contingente de una necesidad profunda de la que deriva. El paradigma-Tàpies que intento construir en este libro es fundamental para iluminar el enredo de necesidad y contingencia en el proceso de creación artística. En efecto, para el gran pintor catalán la coincidencia de necesidad y contingencia no es un problema entre otros, sino *el* problema decisivo al cual la práctica del arte debe tratar de responder: ¿cómo se anuda la actualidad del gesto creativo (absoluta contingencia) con su proveniencia (absoluta necesidad)? ¿Cómo se articulan entre ellas repetición (absoluta necesidad) e invención (absoluta contingencia)? En otras palabras: ¿cómo puede el acto creativo ser generador, por tanto, plenamente libre (contingente), si no puede prescindir del vínculo de la repetición al cual todo sujeto es entregado (necesidad)? Como se ve, no sólo está en juego el proceso creativo del arte, sino la concepción misma del proceso de subjetivación a través del cual la vida humana adquiere una forma propia. No es casual que Jacques Lacan piense en la existencia del sujeto como ritmada por el latido de necesidad y contingencia. Por una parte, ella no puede dejar de depender de todo lo que ha sucedido, no puede ser entendida si no se tiene en cuenta todo aquello que ya ha sucedido en el Otro —improntas, huellas, insignias que el Otro ha grabado sobre el cuerpo del sujeto—, por otra parte, ella se constituye en su singularidad con un movimiento de separación del Otro. Es este el latido que anuda el tiempo de la necesidad con aquel de la contingencia. Por esta razón Lacan consideraba la existencia del sujeto más similar a la de un «poema» que a la de un poeta; más en el orden de lo escrito que del escritor. El sujeto depende en su existencia de aquello que ya ha sucedido en el Otro; está, como tal, estructuralmente sometido, heterodeterminado, distinguido por la letra que proviene del Otro.[1] Para Freud, la esencia de la existencia es su pasado, lo infantil, la memoria inconsciente que se sedimenta como una especie de reticulado de huellas mnésticas que fijan la economía libídica del sujeto y sus identificaciones fundamentales. Sin embargo, si el sujeto depende en su existencia de aquello que sucede en el Otro, de la necesidad ineludible de este asidero, ¿qué puede hacer posible la elección individual, el acto auténticamente creativo? ¿Qué permite la generación de una obra, sea una obra de arte o la obra misma de una vida, que no esté sólo causada por la necesidad del Otro, sino que derive de la contingencia del acto singular del sujeto? ¿Cómo podemos elegir si estamos hechos, si estamos completamente constituidos, por las múltiples huellas que el Otro inscribe en nosotros mismos? Este es el misterio del proceso de la subje-

1. J. Lacan, «Questione preliminare ad ogni possibile trattamento della psicosi», en *Scritti*, vol. 2, Einaudi, Milán. [Trad. cast.: «De una cuestión preliminar para todo tratamiento posible de la psicosis», en *El seminario. Libro 5: La formación del inconsciente*, Paidós, Barcelona, 1987].

tivación y de la creación artística. Y este es problema ético del proceso de subjetivación visto desde la perspectiva del psicoanálisis al cual Antoni Tàpies da un desarrollo notable y originalísimo. En efecto, la creación artística ofrece el paradigma más propio de la subjetivación. Es una de las tesis teóricas que orientan este ensayo: el artista reescribe en su obra el propio pasado haciéndolo nuevo; asimila la contingencia radical de su acto en la necesidad profunda que lo inspira; conecta a lo ya sido —a una anterioridad silenciosa que está antes de todo posible acto— el propio acto creativo. En este sentido el proceso de la creación coincide con el proceso de subjetivación o, en otras palabras, en el proceso creativo se juega la partida entre necesidad y contingencia que encontramos en el corazón de cualquier proceso de subjetivación. Con un ulterior añadido: el proceso de subjetivación y el de la creación artística comparten la naturaleza retroactiva de la temporalidad sobre la cual Heidegger, Sartre y Lacan han insistido mucho. Esta estructuración *après coup* de la temporalidad nos ayuda a leer el acto creativo del artista y el proceso de subjetivación en general: el sujeto se constituye como la recuperación hacia delante de su pasado; es la reescritura de lo que ya ha sido escrito; el sentido del pasado no reside inerte a sus espaldas, sino que se escribe *après coup*, retroactivamente, sólo en el movimiento hacia delante con el cual el sujeto se abre a su porvenir. Es exactamente lo que ocurre en el proceso creativo que caracteriza la práctica del arte. La obra de Antoni Tàpies constituye un ejemplo extraordinario de esta naturaleza retroactiva del gesto creativo; su obra ilumina, como veremos, el proceso mismo de subjetivación como determinado al futuro anterior: no hay obra que escape de la necesidad profunda de su proveniencia y no hay obra que no sea el resultado de un corte, de una ruptura, de una apertura contingente interna a la repetición de la necesidad. Como la historia del sujeto exige siempre la recuperación singular del propio pasado —la historia es el tiempo recuperado retroactivamente por el sujeto—, del mismo modo —ésta es la formidable lección de Antoni Tàpies— el acto creativo surge siempre a través de una iluminación de aquello que ya ha sido, reescribiéndolo en una forma que es, al mismo tiempo, absolutamente antecedente y absolutamente nueva, absolutamente necesaria y absolutamente contingente; resultado contingente de una repetición necesaria.[2]

2. Cfr. M. Balsamo, *Ascoltare il presente*, Mimesis, Milán, 2018.

ATRAVESAMIENTO DEL ESPEJO

El primer tiempo de la investigación artística de Tàpies está orientado masivamente por el tema del autorretrato. La lucha de la creación, escribe en su autobiografía, era el intento «de trasladar sobre el papel toda la atmósfera que estaba detrás de aquellos ojos, de los contornos que me parecían *más reales que lo real*, llenos de extrañas ambigüedades, de contradicciones que desaparecían allá, al fondo, oscuridades impenetrables, claridades deslumbrantes...».[3]

En la década que va de 1943 a 1953 la figuración continúa siendo la modalidad expresiva adoptada por Tàpies en el interior de una opción artística de fondo genéricamente surrealista (fig. 1). En estos autorretratos que se suceden incesantemente como una verdadera obsesión narcisista, la mirada es situada en el centro del cuadro como «lo más real de lo real» —según cita del propio Tàpies— y la obra misma parece actuar como una especie de espejo que restituye al sujeto su identidad, si bien en una

3. Tàpies, A., *Autobiografia,* Marsilio, 1982, p. 118. [Edición original *Memòria personal,* Editorial Crítica, Barcelona, 1977.]

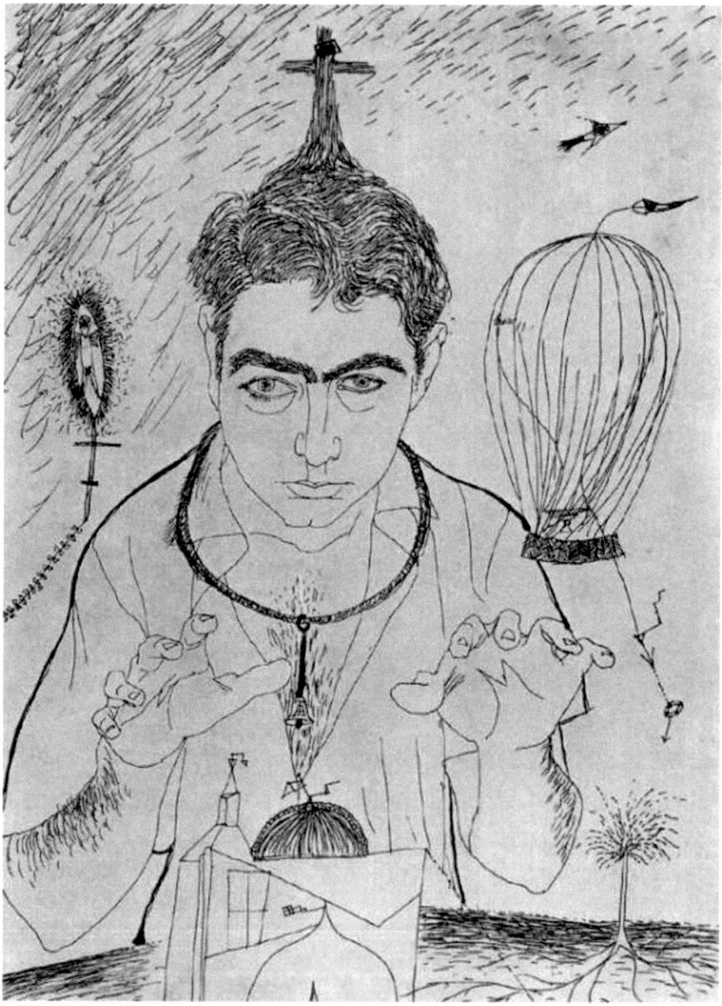

Figura 1. Antoni Tàpies. *Autorretrato* (1950)
Lápiz sobre papel, 32 × 22 cm
Colección particular, Barcelona, España

forma fatalmente alienada: la imagen del propio Yo aparece desdoblada. La mirada autoral rebota y se multiplica en la del cuadro. La obra se mantiene plenamente en la zona narcisista de la especularidad. El sujeto parece realizarse en una hipnosis: capturado, aspirado, alienado, arrebatado por la intensidad sugestiva y difusa de la propia mirada.

La repetición incesante de este tema en los autorretratos que se suceden insistentemente en este período evidencia el esfuerzo de Tàpies por alcanzar el secreto de la mirada, su alteridad interna siempre escurridiza a cualquier intento de asidero. En efecto, la mirada no coincide con el soporte anatómico de los ojos, sino que, como ha enseñado Lacan, constituye una especie de objeto pulsional excéntrico que descompone la unidad de la geometría de la imagen especular. La mirada excede los ojos como lo invisible excede lo visible, como lo irrepresentable excede los marcos definidos y ordenados de la representación.

El gesto creativo del primer Tàpies apunta entonces a discriminar el secreto de la mirada de la objetividad de los ojos; pinta la excentricidad de la alteridad del objeto escópico respecto del plano representacional de la obra-espejo tratando de interceptar su propio misterio (fig. 2). Esto es lo imposible que rebota en cada autorretrato suyo: imposibi-

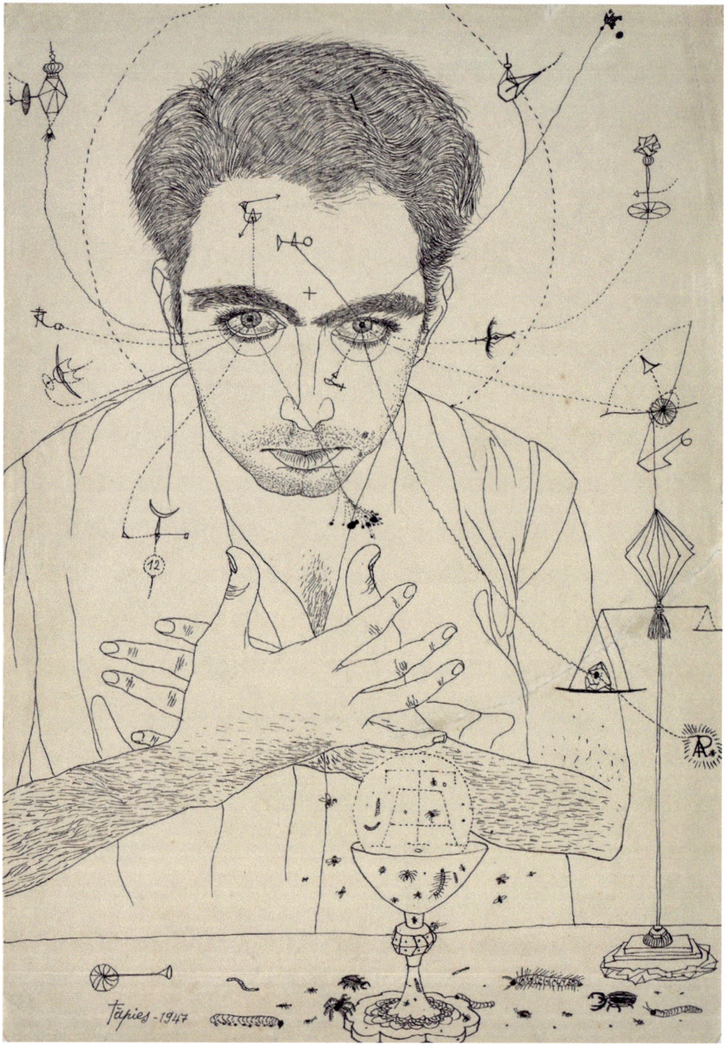

Figura 2. Antoni Tàpies. *Autorretrato* (1947)
Tinta sobre papel, 48 × 34 cm
Neues Museum, Nuremberg
© Christie's Images Limited 2019

lidad de alcanzar el corazón del sujeto a través de la «oscuridad impenetrable» y la «claridad deslumbrante» de la mirada. De aquí su continua insatisfacción y la necesidad de realizar un verdadero, como él mismo lo define, «atravesamiento del espejo».[4] Se trata de la atormentada liberación de la prisión imaginaria del narcisismo, de la fijación al propio yo. El primer movimiento de Tàpies trata obtener esta liberación a través de la irrupción de la mirada como excentricidad pulsional respecto de la representación únicamente especular-narcisista del Yo. Pero el resultado de este movimiento no lo satisface: todo autorretrato contiene inevitablemente una impostura. Es aquello que un gran pintor de autorretratos como De Chirico ha puesto admirablemente en evidencia: el autorretrato tiene siempre la naturaleza del engaño, de la impostura, del desfile, de la representación junto a la farsesca y estatuaria del Yo. El registro de lo imaginario empantana el Yo en un pegado alienante consigo mismo; el Yo, como ha escrito Rimbaud, retomado por el Sartre de *La trascendencia del Ego* y por Lacan, es siempre Otro. Por tanto, atravesar el espejo significa para

4. Tàpies, A.; Valente, J. A., *Comunicació sobre el mur*, Fundació Antoni Tàpies, Barcelona, 1992. [Trad. cast.: *Comunicación sobre el muro*, De La Rosa Cubica ediciones, Barcelona, 1998].

Tàpies, ante todo, poner en práctica un trabajo de lenta desecación ascética de los prestigios narcisistas del Yo. Si el narcisismo humano quisiera negar la existencia del Otro en su origen, si quisiera aferrar el Yo como «amo de su propia casa», fundamento de sí mismo, *ens causa sui,* atravesar el espejo significa reconocer la insuprimible proveniencia del sujeto de las improntas del Otro, de una escritura que, en realidad, lo precede y lo instituye. No es casual que un primer decidido y significativo esfuerzo en esta dirección sea realizado por Tàpies en una obra de 1950, en distintos aspectos única (fig. 3) en la serie de los autorretratos y, si es releída retroactivamente, verdaderamente decisiva de todo el recorrido artístico de Tàpies. En ella la primacía del registro especular —dentro de la cual aún se sitúa esta obra— es trastornada por la irrupción de una letra —una T que es también una especie de cruz o de X— que excede el cuadro de la representación narcisista del Yo. En primer plano aún se puede ver el rostro del artista junto a la obsesión hipnótica y medusizante de la mirada. Sin embargo, junto a este motivo ya largamente experimentado, emerge algo traumáticamente inédito; el índice de la mano del artista señala la escritura, sobre un pequeño folio de papel, de su nombre, «Tàpies» (con la T inicial hecha como una cruz). La mirada se descentra de sí

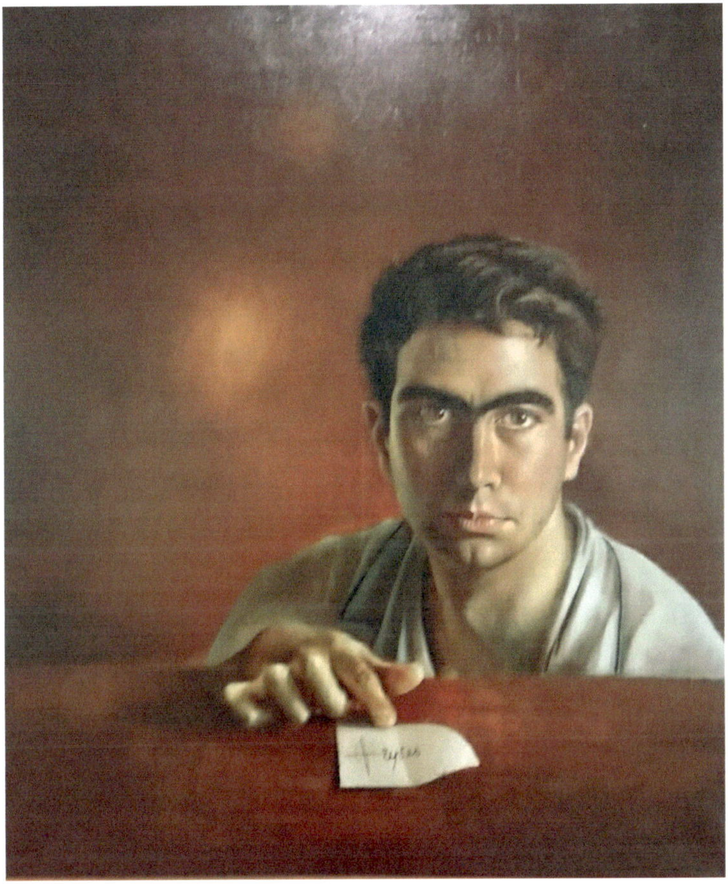

Figura 3. Antoni Tàpies. *Autorretrato* (1950)
Óleo sobre tela, 77,5 × 67,5 cm
Museo de Bellas Artes de Murcia, Murcia, España

misma; esta letra invita a apartar la mirada de la mirada introduciendo una letra que se disocia de la alienación imaginaria del espejo. La intensidad de la mirada —que una vez más el artista trata de capturar y de restituir en un gesto imposible— está aún en primer plano, pero sólo para retroceder, para dejar espacio a la nueva potencia de la letra, al enigma del nombre propio y a su excentricidad respecto del juego narcisista del espejo.

El rostro del artista y su mirada están indicando su inminente disolución; en efecto, la presencia de la letra trae consigo la referencia al nombre propio como una nueva singularidad que excede el fantasma de Narciso. En primer plano, ya no están ni el rostro ni la mirada, sino una escritura enigmática. No se trata obviamente de la simple firma del autor, cuanto más bien de un cambio de dirección decisivo de toda su poética: desde este momento, asistiremos a un verdadero eclipse de la mirada y a un abandono de la figuración surrealista. La aparición de la letra coincide con el surgimiento de una nueva pintura. El desollamiento de la película narcisista del Ego presagia la irrupción traumática del muro en vez de la mirada.

La cruz como letra enigmática

La T se convierte en una cruz y está destinada a asumir una importancia capital en la obra de Tàpies. Se trata de una letra que desimetriza la reciprocidad imaginaria del espejo. La aparición de la cruz en el lugar del sujeto indica la dimensión de sometimiento del sujeto mismo al poder del significante. La cruz de Tàpies no es la cruz cristiana, no trae consigo ningún valor teológico-religioso. Es probable que en ella resuene, más bien, el encuentro del joven Tàpies con los hechos de la Guerra civil española. La cruz evoca la barbarie humana, el odio, la agresividad mortal y, a la vez, el lugar que custodia la *pietas*, el silencio que rodea a nuestros muertos amados. En su autobiografía escribirá: «Asocio mi pueblo a momentos de angustia, a los bombardeos, a la destrucción y a las frustraciones, a la opresión y a la miseria».[5] Más profundamente la cruz anunciada por la T de Tàpies indica la posibilidad nueva de alcanzar el ser del sujeto más allá de la dimensión «narcisista» del autorretrato. El atravesamiento del espejo conduce al artista hacia la cruz

5. Tàpies, A., *Autobiografia, op. cit.*, pág. 79.

como encarnación de una singularidad irreductible, sea a la imagen especular, sea a la universalidad abstracta del lenguaje. Como ocurre para la noción de «letra», teorizada por el último Lacan, también la cruz de Tàpies se conforma como un singular absoluto —por tanto, no un símbolo arquetípico— que «aniquila lo universal».[6] En efecto, si el símbolo religioso de la cruz es un símbolo universal, la cruz de Tàpies, evocando la inicial del nombre propio, es más bien una marca, una letra asemántica absolutamente singular. Todo el movimiento pictórico del artista en este período tiende a abandonar lo universal del símbolo —el surrealismo está, en el fondo, totalmente caracterizado por el simbolismo— para dirigirse hacia la nueva inmanencia singular de la letra. En este recorrido artístico parece seguir los mismos pasos que el camino psicoanalítico tal como Lacan lo ha concebido: ¿qué puede ser el sujeto más allá del engaño seductor y alienante de su Yo ideal? ¿Qué es el sujeto como excedencia que desconcierta la dimensión universal del lenguaje? ¿No es cualquier forma de poesía —pintura incluida— la traumatización de la imagen y de la abstracta canonización del lenguaje a través de lo absoluto singular de la carta que aniquila lo universal?

6. Lacan, J., «Lituraterre», en *El seminario. Libro 18: De un discurso que no fuera semblante*, Paidós, Barcelona, 2010.

Queda el problema relevante de cómo hay que entender la singularidad de esta letra, la T que se convierte en cruz, capaz de reducir al sujeto a una inscripción elemental, no representativa, que excede el orden mismo del lenguaje. Ante todo, como ya he mencionado, se trata de diferenciar esta letra de la simple firma del autor. No es casualidad que en sus escritos Tàpies se detenga innumerables veces —siempre con gran ironía— sobre el valor fetichista de la «firma de autor» que pretendería subordinar las leyes formales de la obra y su carácter evenemencial a aquellas economicistas del mercado de la industria cultural. La presencia de la inicial del nombre propio no es la firma del autor que fetichiza la obra, sino lo que abre —más allá del espejo— un nuevo modo de entender el ser mismo de la obra. Lo que se presentifica en esta letra es, en realidad, una primera reducción esencial del sujeto: en efecto, ¿qué queda de su singularidad más allá del espejo? Ésta es la pregunta que plantea Tàpies. Problema que también toca en el meollo la definición misma de obra de arte: ¿qué es una obra que se libera de cualquier preocupación representativa? ¿Qué queda de sí misma una vez que supera la naturaleza narcisista de la imagen?

En la letra que descompagina el autorretrato no deberíamos rastrear en absoluto el Yo y su prestigio porque en ella se trata de *autre signature* respecto de la firma imaginaria del autor.[7] La T transformada en una cruz prefigura la anulación radical del Yo y de todos sus ideales de dominio; encarna la impronta singular que resurge de un pasado que regresa como necesidad ineludible, como inscripción fundamental que no puede ser olvidada. Regreso, repetición, insistencia; de ellas, desde este momento, la obra de Tàpies, ofrece continuos testimonios icónicos: la T, la A, la cruz, la X, las pisadas de sus propios pies. Está en juego la reducción ascética de la imagen especular, como lugar de la primacía alienada del Yo, a la marca singular de la letra asemántica: *el Yo del autor desaparece reducido a la cruz de la letra.*

La obsesión inicial de la presencia oniroide de las miradas, se descompone y deja el sitio a la serie estratificada de estas huellas, a una necesidad antigua, a un pasado más radical respecto del cual el Yo es sólo un fantasma sin vida. Se trata de improntas que aluden al sujeto, pero sólo en la forma de su supresión en cuanto «Yo». El espejismo identitario de espejo estalla haciéndose añicos; lo que queda es la singularidad de la obra y del sujeto recogidas en una sola impronta traumática, en un signo que interrumpe la referencia de la cadena de significantes,

7. Véase G. Raillard, *La syllabe noire de Tàpies,* André Dimanche Editeur, París, 1994, pág. 13.

de un signo que ya no remite a nada, más que a sí mismo. No estamos lejos de aquella memoria sin memoria, memoria que no puede ser colmada por ningún recuerdo que Freud haya asimilado a la ley de la repetición (*Wiederholungszwang*), donde el sujeto se encuentra empujado a repetir lo que, justamente, nunca ha podido recordar.[8]

Desde el *Autorretrato* de 1950 la poética pictórica de Antoni Tàpies se ejercita como una *ascesis* precisamente en el sentido en que Lacan entiende la *ascesis analítica*: reducción progresiva de los prestigios del Yo, desarticulación de su dominio narcisista, asunción contingente de la propia necesidad. Es lo que Lacan ha teorizado como la apuesta en juego más auténtica de la experiencia analítica: «reducción de la ecuación personal».[9] Se trata de una operación de absorción progresiva del imaginario, o sea de su simbolización radical capaz de reconducir al sujeto a su antigua necesidad vuelta a traducir por la contingencia como nueva: la letra asemántica instituye la contingencia del sujeto unida a su destino necesario. Es éste el tiempo de entrada del signo de la

8. Freud, S., *«Al di là del principio di piacere»*, en *Opere*, vol. IX, Bollati Boringhieri, Turín, 2013. [Trad. cast.: *Más allá del principio del placer*, Amorrortu, Madrid, 2016].
9. Lacan, J., «Questione preliminare ad ogni possibile trattamento della psicosi», en *Scritti*, vol. 2, Einaudi, Milán, 2002, pág. 335.

cruz en la poética de Tàpies: la cruz se afirma como una ligera torsión de la letra (la T de Tàpies del *Autorretrato*) que identifica el ser del sujeto más allá de cualquier fantasma especular. Obviamente ella ya no puede ser el índice identitario del Yo, sino más bien el resultado de su anulación. Por eso Tàpies ha podido acercar en sus escritos el símbolo de la cruz a la experiencia del silencio. Como en el recorrido de ciertos místicos, el silencio es alcanzado no directamente, sino a través de la acentuación masiva de su contrario. El silencio no es un dato de partida, sino algo a lo que la obra llega sólo en un segundo tiempo. Para alcanzar el silencio, ha dicho una vez Tàpies, hay que pasar necesariamente a través de un «sonido fuerte». En su caso, el «sonido fuerte» fue el narcisismo y la mirada invasiva que ha querido multiplicar obsesivamente en sus autorretratos. Después de la obra de 1950, en cambio, sobre todo este fermento imaginario cae un telón denso e irreversible: la letra prevalece sobre la imagen; la ilusión del espejo es atravesada y dejada a sus espaldas.

La cruz, hay que precisar, en la poética de Tàpies no es un símbolo, sino una impronta, una horma, una huella, un grafito, un signo caligráfico irremediablemente vinculado a una letra que «aniquila lo universal». Por eso Tàpies puede afirmar que la mano del artista se sostiene sobre el nervio del brazo —sobre la «electricidad del brazo»—, sobre su gestualidad singular.[10] La cruz deriva de este movimiento que ya no depende de la intención del Yo, sino que arde en un instante vacío de pensamiento, en un puro acto que excluye cualquier intencionalidad.

La cruz tapiesiana no es, pues, un símbolo que comunica un mensaje, sino un objeto, un objeto-signo que marca la diferencia entre la obra como representación de sentido y la obra como objeto que se produce sólo sobre la base de un vaciamiento del sentido. Es lo que aparece con fuerza en una intensa obra titulada *Gran cuadro gris. N III* (1955),[11] (fig. 4) en el cual la cruz se presenta invertida en una X enigmática que aparece como un grafito blanco presente sobre la tela, abajo a la derecha, sobre la amplia superficie de materia oscura y compacta.

Esta cruz no puede ser reconducida al ámbito de una experiencia místico-religiosa como, sucede en cambio en el extraordinario ciclo de los *Crucifijos* de William Congdon. La emancipación de la cruz de cualquier referencia teológica es declarada por Tàpies cuando muestra la oscilación de su cruz hacia la X del enigma, o la X de la incógnita (como se suele

10. Tàpies, A., *Autobiografia, op. cit.*
11. Tàpies, A., «Large Grey painting», en *The Complete Works*, Rizzoli International Publications, Milán, 1991.

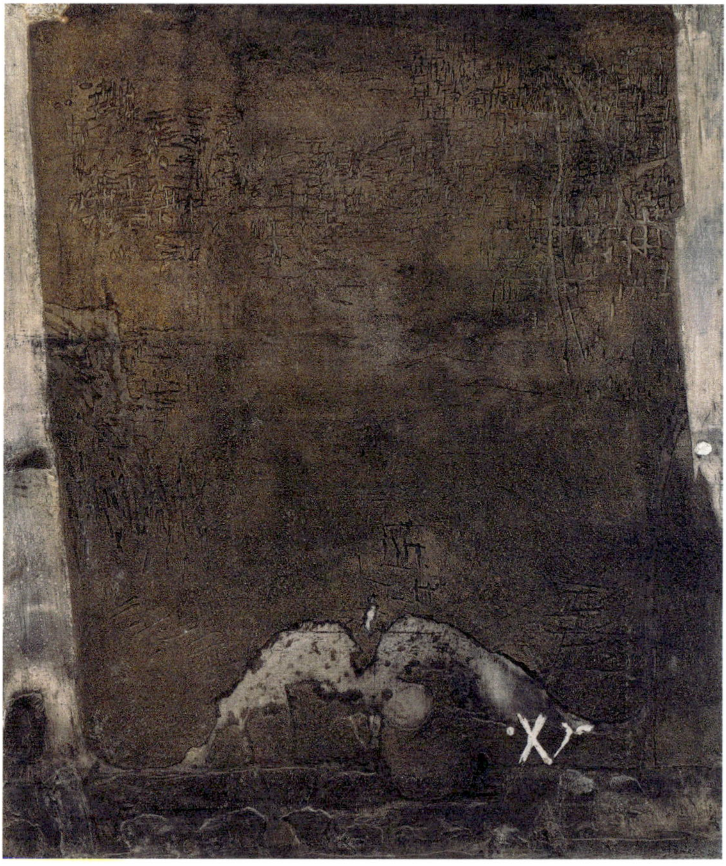

Figura 4. Antoni Tàpies. *Gran pintura gris* núm. III (1955)
Técnica mixta sobre tela, 195 × 169,5 cm
© pk Berlin / Kunstsammlung Nordrhein-Westfalen, Düsseldorf / Walter Klein

representar en matemáticas) más que hacia el símbolo de la pasión redentora de Cristo. Se trata de aquella X que surge de la anulación del Yo, de aquel atravesamiento del espejo que constituye un paso decisivo de la obra de Tàpies. La cruz parece ser aquello que queda del sujeto y de la obra misma después de la muerte del Yo y de su naturaleza representativa. No es casual que en una obra de particular relevancia, titulada *Bañera* (1986) (fig. 5), la cruz se introduce en el lugar más cotidiano del sujeto (una bañera), del cual, sin embargo, ya no queda

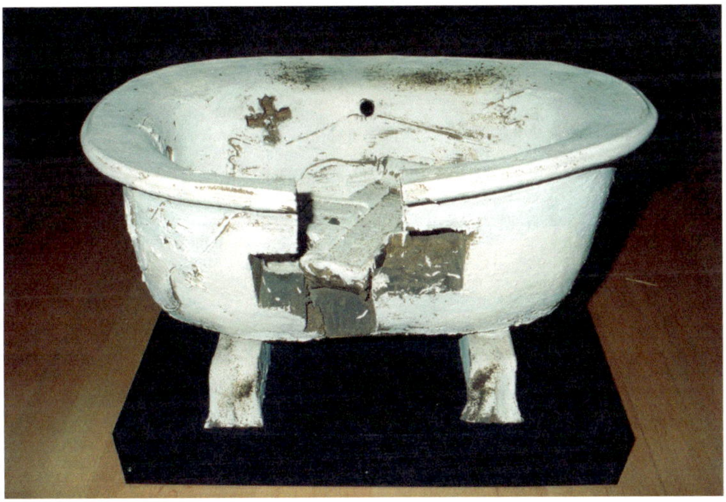

Figura 5. Antoni Tàpies. *Bañera* II (1989)
Escultura
Guggenheim Museum Bilbao
© Cordon Press

nada, más que la cruz misma para indicar el resto insuprimible más allá del espejo. Una cruz de madera que irrumpe en el circuito familiar del Yo hace enigmático aquello que habitualmente no lo es. Es esa misma cruz que encontramos también en la escultura titulada *Cabeza* de 1989 (fig. 6), donde esta vez

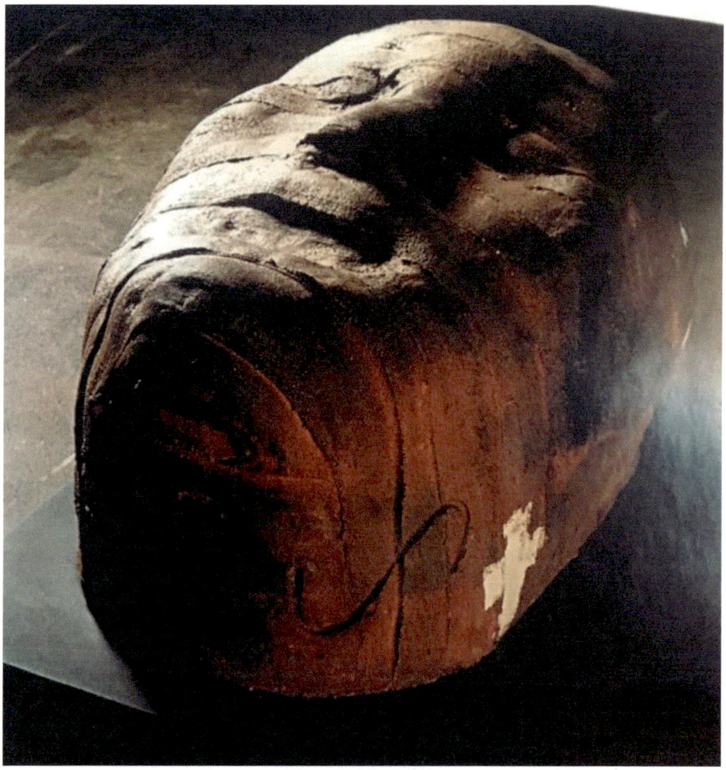

Figura 6. Antoni Tàpies. *Cabeza vendada* (1989)
Esmalte sobre terracota, 80 × 130 × 100 cm
Colección Galería Lelong, Zürich, París, Nueva York

es el rostro mismo del artista el que, despojado de cualquier valor narcisista, aparece ahora vendado, sin mirada, mortificado, calcificado, reducido a momia, marcado por la misma cruz, por la misma X, por la misma reducción al enigma singular de su existencia. El *pathos* del sujeto se transforma así en el matema esencial de una X que se convierte en pura «incógnita»; sobre la mirada del autorretrato cae definitivamente la materia inhumana de la tierra, del yeso, de la arena.

El método de la reducción

El paso del espejo a la letra enigmática de la cruz —el paso de la imagen narcisista del Yo al poder de la letra, de la marca, de la impronta— se realiza completamente sólo al final de una experimentación artística que conduce a Tàpies a superar irreversiblemente los límites de la figuración representativa. Se trata, como escribe el mismo artista en su *Autobiografia,* de un verdadero «lanzamiento al vacío»: el espejo se hace añicos irreversiblemente, la letra se graba en una forma tan necesaria y ya conocida como contingente e inédita.

El paso del surrealismo y del compromiso sobre la figura y sobre el autorretrato, hacia una poética del muro se puede sintetizar como una progresiva *reducción de lo imaginario a lo real a través de lo simbólico.* Este efecto de reducción no es casual, sino que constituye en Tàpies un verdadero método. En efecto, su obra impresiona, entre otras razones, por su rigurosa y coherente esencialidad. Es una constante de los grandes pintores: ninguna concesión al ornamentalismo, ninguna exhibición, ningún número de circo, ninguna redundancia. Piénsese en la obra de Fontana o de Burri. Para Tàpies lo esencial aparece como aquello que no es susceptible de ser ulteriormente reductible. Son, en este caso, elementos esenciales de su pintura la letra X o la experiencia del silencio.

El método de la reducción adoptado por Tàpies no es asimilable a aquel, mucho más célebre, de la reducción fenomenológica de Husserl. Más bien, la reducción tapiesiana parece invertir la husserliana. En efecto, si ésta última sitúa su principio metodológico en la reducción del ser (objetivo-natural-evidente) a la pureza trascendental de la conciencia intencional, la tapiesiana tiende a reducir, más bien, como sucede en el psicoanálisis según Ricoeur,[12] el ser mismo de la conciencia, mostrando su vínculo ineludible con la alteridad, su imposibilidad de evasión, su ser asida, encadenada, *emparedada en la existencia*. En otros términos, la reducción tapiesiana es una operación iconológica que procede en torno a los límites del lenguaje, aislando aquello que en el campo del lenguaje es opaco e irreductible al lenguaje mismo, es decir, su punto interno de suspensión, su punto más excéntrico. La reducción del Yo narcisista de los primeros autorretratos a la

12. Ricoeur, P., *Della interpretazione. Saggio su Freud*, Il Saggiatore, Milán, 2002.

letra enigmática de la cruz indica el camino. Más que a la reducción fenomenológica, la de Tàpies se muestra afín a aquella relectura radical de la *epoché* husserliana perseguida por Sartre en *La náusea*; la suspensión de la red de las significaciones canónicas del mundo no conduce, ni en Sartre ni en Tàpies, a la pureza trascendental de la conciencia, sino a aislar un real —lo real informe de la existencia— irreductible tanto a los espejismos del espejo —a la primacía del Yo—, como al sentido y a sus infinitas posibilidades de metamorfosis.[13]

La experiencia de la náusea sartriana deriva de la desconexión entre el plano simbólico-imaginario del sentido y el del no-sentido de lo real. En términos heideggerianos, puede ser descrita como un «choque interruptivo» que suspende el fenómeno de la remisión general del mundo haciendo aparecer la existencia como ausencia de fundamento, protuberancia excedente, «excesiva» e «injustificada».[14] En el centro de la experiencia sartriana de

13. Véase J. P. Sartre, *La náusea,* Alianza Editorial, Madrid, 2016. La importancia de la lectura de Sartre en la biografía intelectual de Tàpies es varias veces evocada directamente por el artista. Véase también A. Tàpies, *Palabras sobre pintura,* al cuidado de J.-M. Ullán, Cuadernos Guadalimar, nº 6, Madrid, 1978.
14. Heidegger, M., *Essere e tempo*, Longanesi, Milán, 1976. [Trad. cast.: *Ser y tiempo*, Trotta, 2012].

la náusea está el encuentro traumático con aquello que lacera el orden canónico de la vida burguesa, que desgarra traumáticamente las redes de las convenciones sociales y sus semblantes haciendo aparecer con fuerza un real escabroso, innombrable, inasimilable al sentido. Desde esta perspectiva la reducción sartriana no se agota en el simple regreso a la centralidad de la intencionalidad de la conciencia (Husserl) respecto del orden objetivo-naturalista de las cosas del mundo, sino que implica más bien el encuentro inesperado con aquello que constituye para el sujeto una presencia —la de la existencia— enigmática e informe; misterio de un exceso carente de sentido. Pero el método tapiesiano de la reducción no sólo tiene como posible referencia la particular radicalización de la *epoché* fenomenológica que, como he mencionado, se realiza en *La náusea* de Sartre, sino que se dirige también a otras prácticas de la reducción que operan en el arte contemporáneo a él, como, por ejemplo, la que inspira la serie de los *Achromes* de Piero Manzoni o los sacos de Alberto Burri, en las cuales en primer plano está el esfuerzo del artista por recuperar —en un movimiento, justamente, de reducción ascética— el carácter evenemencial de la obra, su irreductibilidad singular a las formas establecidas del discurso universal del gran Otro del sistema del arte, mostrando, por ejemplo, cómo lo que ordinariamente es concebido como la base neutra de la obra (la tela de yute o el fondo blanco, acromático, de la tela) constituye, en realidad, la obra en su ser más propio. Y que, en consecuencia, tanto la reducción de Burri como la de Manzoni intentan revisitar ese fundamento velado de la obra que la percepción canónica del arte, en cambio, tiende a olvidar.

Pero el método tapiesiano de la reducción encuentra su referencia más decisiva en aquella práctica de la reducción que caracteriza la cultura oriental y, en particular, aquella de la tradición oriental del taoísmo y del budismo Zen, por el cual Tàpies nunca ha escondido su profundo interés. De esta cultura él toma la crítica a la concepción hermenéutico-occidental de la verdad como correspondencia, como *aedeguatio intellectus et rei*. El maestro Zen no ahorra nunca su burlona ironía frente a aquellos que creen en esta adecuación. El maestro Zen reduce el énfasis occidental del sentido. Él muestra que es el vacío y no el sentido la matriz última de todas las cosas.[15] El vacío no es la simple ausencia, la anulación de la presencia, sino aquello que hace posible

15. Sobre estos temas, véase el trabajo insuperable de François Cheng, *Vide et Plein: le langage pictural chinoise*, Gallimard, París, 1979. Véase también G. Pasqualotto, *L'estetica del vuoto*, Marsilio, Padua, 1992.

el ser múltiple de todas las cosas. Lo absoluto no se alcanza a través de la vía greco-occidental del saber que separa el ser de los fenómenos y lo eterno del devenir del tiempo, sino que se encuentra descendido, inmerso en todas las cosas, en cada cosa, incluso en las más ínfimas. Por eso cuando a un maestro Zen se le pregunta qué es Buda, él puede responder que en aquel momento preciso está bajo sus ojos, aunque no parezca tener ninguna relación con el contenido de la pregunta que se le ha dirigido: «¡Tres libras de lino! ¡El ciprés en el patio!».[16]

La reducción oriental devuelve la abstracción ontológica y sus codificaciones a la pura contingencia de la existencia, a la multiplicidad de la existencia precisamente en su actualidad; la existencia en su pura y absoluta inmanencia: «Tres libras de lino, el ciprés en el patio».

El método tapiesiano de la reducción está inspirado en el taoísmo y el budismo Zen porque no exalta ni el poder intencional de la conciencia, ni, aún menos, el evocador de los símbolos —un significante que remite a un significado latente—, según el esquema probado de la hermenéutica occidental, sino que intenta reducir las dimensiones mismas de

16. Véase F. Jullien, *Il gioco dell'esistenza. De-coincidenza e libertà*, Feltrinelli, Milán, 2019, pág. 66.

la conciencia y del símbolo en su límite extremo, a la dimensión última del vacío, del silencio, del puro no-sentido de lo real, de su contingencia totalmente inmanente. Es la presencia absoluta de la brizna de hierba, para retomar una hermosa imagen de Van Gogh, que es elevada a la dignidad del rostro del santo.[17] Se trata una vez más de un proceso de vaciamiento progresivo del Yo y de sus falsas representaciones con el fin de recurrir al misterio de la presencia del mundo en cuanto tal. La letra a la cual llega la reducción tapiesiana no es más que esta presencia, no es otra cosa que el índice de una presencia singular que ya no es susceptible a otras reducciones.

17. Recalcati, M., *Melancolía y creación en Vincent van Gogh*, Ned Ediciones, Barcelona, 2019.

La «trama»

¿Qué encuentra Tàpies en su movimiento de reducción? ¿Qué encuentra más allá del espejo? ¿Qué encuentra cuando la nube densa de las miradas se disipa? ¿Cuándo el fantasma narcisista del propio Yo ha sido atravesado?

Después del *Autorretrato* de 1950 el cambio de ritmo está en el aire. Desde 1950 toda la producción de Tàpies se concentra únicamente en la materia y en sus objetos. El primer paso en juego es el que conduce de la imagen a la materia; es el paso central de su poética. La investigación espasmódica del secreto de la mirada debe dejar su sitio a la poética del muro. En este paso el criterio representativo-figurativo de la obra es rápidamente superado por el *mostrativo*: la obra revela su puro estatuto de puro objeto («Tres libras de lino, el ciprés en el patio»); se revela como un objeto que no remite a otro, sino a sí mismo, a su inmanencia irreductible y singular. Lo universal es aniquilado. Es a esto donde conduce la inspiración Zen de su práctica de la «reducción»: la obra no es el lugar de manifestación simbólica del sentido, sino el de su puesta a cero; no es el lugar persuasivo o ideológico de la palabra, sino el del silencio; no es el lugar lingüístico del significante que rodea o remite a un significado escondido, sino aquel puramente real y enigmático de la letra.

Más precisamente, desde el punto de vista de la historia del arte contemporáneo, Tàpies parece recorrer un camino alternativo respecto de los dos prevalecientes que recorren el amplio territorio del abstraccionismo. Un camino canónico es el centrado en la primacía del color; el otro, igualmente consolidado, es el centrado en la *primacía de la forma*. Pero ni el color ni la forma están en el centro de su trabajo. El camino tomado por Tàpies es inédito, o, al menos, poco trillado.[18] Se trata de otra dimensión plástica que él define con el término «trama»; una dimensión que resulta, justamente, irreductible tanto al color como a la forma.

La noción tapiesiana de «trama» no avala la primacía del color —como sucede en el abstraccionismo espiritual de Kandinski o de Rothko—, pero tampoco en aquel de la construcción geométrica —como sucede en el abstraccionismo conceptual de Mondrian o de Malevic— que castra cualquier

18. La obra de Fautries y la de Du Bauffet, pero también, en ciertos aspectos, la de Burri van en la misma dirección.

redundancia imaginaria del sentido y que destaca en la corriente analítica del abstraccionismo. Frente a la centralidad del color que pretendería superar el poder del significante por la vía de la pura imagen desenganchada de cualquier significación, por la vía de la expresión cromática emancipada de cualquier formalismo, la trama tapiesiana impone, en relieve, el carácter a menudo estratificado de la constitución matérica de la obra. El espiritualismo abstracto del color no puede borrar la alteridad de lo real que se manifiesta en la trama de la materia. Frente a la centralidad de la forma que pretendería realizar, en cambio, una reducción integral de la imagen a la universalidad geométrica del significante, al predominio de la geometrización analítico-conceptual sobre la dimensión expresiva, la trama tapiesiana exalta, en cambio, la impronta, el signo, la marca, el grafito, el desgarro, la caligrafía como índices de una errancia de la letra que resulta irreductible a cualquier universalismo abstracto.

La «trama» es pensada, pues, por Tàpies como un «tercer aspecto plástico»[19] respecto de aquellos más clásicos de la forma y el color. Ella no responde solamente al principio general del arte abstracto, esto es, al principio de la castración de cualquier re-

19. Tàpies, A., *Autobiografia, op. cit.*, pág. 234.

presentación figurativa, o, si se prefiere, de la reducción de la representación a una pura manifestación autorreferencial,[20] sino que introduce la idea de un real que, mucho más allá del color y de la forma, determina las condiciones de posibilidad tanto del color como de la forma. En este sentido, la trama a la que Tàpies se esfuerza por llegar constituye aquel vacío fundamental con el cual Lacan define lo real primordial, lo real de la Cosa.[21] En efecto, la sublimación artística, según el psicoanalista francés, gira en torno a un «vacío central» que, huyendo de cualquier posible representación, es también un punto gravitacional en torno al cual deben girar todas las representaciones. La peculiaridad de la práctica del arte consistiría en saber bordear este vacío o, más precisamente, en saber darle una forma, en saber «organizarlo», como afirma claramente Lacan.[22]

Más allá del color y de la forma, la trama de Tàpies parece emerger como un modo de incluir lo real en la obra. La trama desplaza el orden del sentido para hacer emerger —a través de una operación

20. Esta tesis es desarrollada admirablemente por Filiberto Menna, en *La linea analitica dell'arte moderna. Le figure e le icone*, Einaudi, Turín, 1983.
21. Lacan, J., *El seminario de Jacques Lacan. Libro 7. La ética del psicoanálisis 1959-1960*, Paidós, Barcelona, 2009.
22. Lacan, J., *ibid.*

del lenguaje pictórico— lo real como irreductible al sentido y a su desciframiento simbólico. La abolición del Yo, su tachado progresivo, como hemos visto, sucede en paralelo con la castración del sentido y de su dinámica hermenéutica. De aquí la *tendencia monocromática* que proviene de la primacía de la trama sobre aquella del color y de la forma y que caracteriza toda la producción madura de Tàpies. Lo monocromo y el privilegio de colores no-colores, neutros, como el gris, el negro o el ocre, concretan el movimiento de la reducción de la significación imaginaria de la obra hacia la coincidencia extrema de la obra con el objeto. En efecto, la crítica al *pathos* imaginario del color aleja a Tàpies de cualquier fenomenología de lo visible. Desde su punto de vista, la paradoja de la materia coincide con la paradoja del vacío. Ellas constituyen el ser del mundo, pero no son entes, simples presencias en el mundo. Su rechazo decidido del color, o, si se prefiere, el uso de colores neutros y la tendencia hacia lo monocromo, refleja el rigor ascético de su poética; para usar las mismas palabras del artista, su ser «próximo a la tierra»,[23] que significa ser próximo a la materia y al vacío.

23. Alameda, S., «La vida, por Tàpies», en *El País semanal*, 31 de octubre de 2004, pág. 56.

La trama tapiesiana es otro modo de testimoniar el carácter decisivo del enredo de contingencia y necesidad. La obra, como el sujeto, se constituye sólo a través de un anudamiento singular de necesidad y contingencia. La proximidad a la tierra afirmada por Tàpies valoriza la necesidad de la obra, su radical inmanencia que el color y la forma, de distintas maneras, corren el riesgo de neutralizar. Sin embargo, la existencia singular de la obra —como, por lo demás, la del sujeto— traduce esta necesidad en una contingencia; en la contingencia del acontecimiento de la obra. Ya no se trata de la pura fuerza imaginaria del color, ni de aquella simbólica propia de la construcción geométrica. En la trama tapiesiana está en juego lo real de la obra, su hacerse acontecimiento. La trama indica aquello que más allá de la imagen (color) y del significante (forma) se configura como no ulteriormente reductible: matriz del color y de la forma, pero ni color ni forma; soporte asemántico de la imagen y del significante; anudamiento de necesidad y contingencia, de inmanencia y trascendencia.

Para Heidegger, ésta es la lucha fundamental a través de la cual se genera una obra de arte: la lucha entre la tierra (*Erde*) y el mundo (*Welt*). Ni lo uno ni lo otro, sino la trama que injerta uno en el otro. La tensión agónica que se produce entre Mundo y

Tierra es constitutiva de la obra de arte en cuanto tal. Si el valor de la obra como Mundo se manifiesta como capacidad de la obra de producir nuevas significaciones, de generar, justamente, un nuevo mundo de sentido, el de la obra como Tierra expresa, más bien, la trama material de la obra como aquello que soporta, por así decirlo, cualquier producción posible de la obra, como plano de inmanencia del acontecimiento de la obra.[24] Es lo que Piero Manzoni encuentra en la serie monocroma de sus *Achromes,*[25] con la cual, despojando progresivamente la obra de todos sus atributos simbólicos e imaginarios —de cualquier significado representativo posible, por tanto— pretende llegar a aislar el punto cero del soporte, de la ausencia de color y de forma —el *Achrom*, justamente— en cuanto imprescindible sostén material de la obra. Se trata de un desplazamiento estratégico-conceptual del eje

24. Heidegger, M., *El origen de la obra de arte*, LaOficina, Madrid, 2016.
25. No es casual que la dimensión del mundo sea central también en la obra de Piero Manzoni, en particular en el período de los *Achromes* (1957-1963). La cosa incolora —el *achrome,* justamente— acentúa en Manzoni el carácter de la obra como pura indicación —más allá de cualquier representación— que no remite más que a la trama que la constituye por entero en una inmanencia fundamental. Sobre estos temas, véase G. Celant, Piero Manzoni, Prearo, Milán, 1975.

de la significación que podemos encontrar también en la poética de Tàpies, como, por lo demás, en la de Burri, para dar sólo otro autorizado ejemplo, en el cual el saco de yute —que constituye la parte de atrás de la tela— se invierte topológicamente convirtiéndose en la «figura» central de la obra.

El espacio y la materia

En la poética del muro de Tàpies, como en Pollock o en Fontana, encontramos la puesta en forma de un nuevo concepto de espacio respecto del cual la «trama» desarrolla una función crucial. La espacialidad tapiesiana es una espacialidad inquieta, tortuosa, espesa; matérica, sedimentada, estratificada, atravesada por incisiones, desconchaduras, calcos, improntas, letras y escrituras diversas. La materia de Tàpies no se puede confundir con el en-sí sartriano; no es la materia bruta, prelingüística, inerte, no afectada por el lenguaje. Más bien es una materia corroída, surcada, invadida, atravesada, incluso violada a veces por el signo. El espacio coincide con la materia, pero la materia trae consigo una estratificación sígnica densísima. El materialismo de Tàpies es un materialismo lírico: los agujeros, las cuerdas, las contracturas, los surcos, las conjunciones-disyunciones de la materia, se oponen resueltamente a la idea de la obra como remisión a una significación trascendente.

El carácter absoluto de la obra sólo se comprende plenamente interrumpiendo la línea imaginaria de una posible significación (¿qué quiere decir esto?), siguiendo las trayectorias excéntricas y contingentes de los relieves. En efecto, es precisamente el relieve del espacio introducido por la presencia de la materia, tanto en Tàpies como en Burri, el que indica el punto límite de la superficie representativa tradicional. Es lo que está en la base de la distinción propuesta por Tàpies entre *estética* y *arte*: lo que cuenta en una obra, afirma el artista, no es su valoración semántica o estética, justamente, sino el hecho de que sea el producto de una acción, o, mejor, de un acto; que el arte como «objeto» cree y haga emerger un real.[26] En este sentido, el espacio tapiesiano es un espacio, como sucede también para el de Fontana, que rompe resueltamente con la imagen kantiana de una espacialidad trascendente, categorial, neutra, sólo teorética, porque se configura como espacio contaminado por la materia y el tiempo, atravesado por la memoria del inconsciente, por las sedimentaciones y por los regresos de signos supervivientes, por el ritmo circular de la repetición, por el depósito estratificado de letras. Es la trama misma de la materia la que se convierte en protagonista de esta adulteración de espacio y tiempo, puesto que su fuerza plástica consiste en la afirmación como mate-

26. Tàpies, A., *El arte contra la estética,* Planeta, Barcelona, 1986.

ria impregnada de rastros, marcada, materia inseparable del signo. Donde es evidente que este signo ya no funciona como una unidad asemántica que no remite ni a un significado ni a otro significante, sino que es aquello que opone una especie de resistencia a la posibilidad de esta remisión. Es una imagen-signo que precipita no hacia el significado o el significante representativo, sino hacia la letra como signo-huella, el cual, justamente, no remite más que a su propia singularidad, a su presencia singular e inmanente. No hay remisión de significante a significado (Saussure), pero tampoco de significante a significante (Lacan), sino una contaminación de espacio y tiempo que refleja la intención inmanentista de la poética de Tàpies. Se trata de desquiciar los dualismos metafísicos que han marcado la estética occidental (contenido-forma, espiritual-materia, suprasensible-sensible, significante-significado) en dirección a su empaste rítmico donde presencia y ausencia, vida y muerte, espacio y tiempo (ying y yang) se compenetran rítmicamente. La trama de la materia se presta para encarnar esta compenetración; el muro se ofrece como el paradigma icónico de un *espacio corroído, marcado, señalado por el tiempo*. Un espacio vivo, palpitante, animado por estratificaciones sígnicas, por la insistencia del signo. El cuadro de Tàpies, como el de Burri, el de Pollock y el de otros artistas informales llamados máticos, como, por ejemplo, Fautrier, nunca es dado de una vez por todas, sino que se modifica a sí mismo en el tiempo. Sobre todo, a partir de la elección del maestro catalán de privilegiar materiales sensibles a la acción del tiempo. También en esto Tàpies absorbe la gran lección del arte oriental que utiliza materiales perecederos arrastrando consigo mismos la inmaterialidad imaginaria del color y de la forma.[27]

La trama tapiesiana no es, pues, ontológica, sino histórica, estrechamente vinculada al tiempo y a sus pulsaciones. Esta consistencia suya sitúa a la obra como un plano de absoluta inmanencia. No existe valor externo, trascendente, de la obra, no hay un en otra parte que no sea ya la obra misma. En primer plano, está la pura coincidencia de la obra consigo misma. Ella no remite a un mundo fuera de sí misma, sino que se manifiesta como un mundo. Su misterio no es exterior a la obra. De aquí la profunda exigencia del artista de mantener separados el acontecimiento de la obra de cualquier versión imperecedera, ideal, fetichista. Éste es un enésimo

27. Sobre este punto, véase el excelente artículo de François Cheng, en el cual, entre otras cosas, define el cuadro de Tàpies como un «complejo espacio-temporal». F. Cheng, «Le temps chez Tàpies», en AA. VV., *Tàpies*, Edition Jeu de Paume, París, 1995, págs. 67-73.

motivo donde resuena con fuerza la influencia de la cultura oriental sobre su trabajo; la valoración de la dimensión cotidiana, modesta, ordinaria, pobre, del objeto como manifestación de la beatitud absoluta de la inmanencia de la vida: vendas, toallas, sillas, pelos de piernas, palas, pajas, bastones, cuerdas, jarrones, improntas de pies, puertas, ventanas. Tàpies genera una poética del objeto común elevado a la dignidad de la Cosa. En esto no anticipa y se aproxima sólo al movimiento del arte pobre, sino que puede bordear a un autor lejanísimo desde el punto de vista estrictamente pictórico de su investigación como es Giorgio Morandi. También en el gran maestro boloñés la imagen, siempre contenida en un régimen figurativo, aparece estrechamente vinculada a las cosas del mundo —simples botellas, tazas, vasos, flores, jarrones— y el milagro del cuadro consiste en elevar estas cosas a la dignidad de lo absoluto. Por eso Tàpies, a diferencia de la estética de lo informe caracterizada por un colapso del objeto y de su intrínseca poeticidad en el nombre de una *apología del magma*, de lo indistinto, del desmenuzamiento de cualquier detalle, tiende siempre a valorizar el detalle del objeto. El objeto sólo vale por su detalle particular, contingente, irreductible, vale como timbre sígnico incomparable. Su silueta tiene como fundamento la letra X, la incógnita de la presencia inmanente del mundo. Su renovación —aquella *renovación del objeto* que plantea Lacan, a través de su lectura de Cezanne, como condición eterna de la obra de arte—.[28] se produce a través de su exposición silenciosa: no hay una obra-objeto que vehicule un mensaje, que represente el mundo, sino que hay una obra-objeto que absorbe dentro de su particularidad irreductible cualquier posible mensaje, cualquier posible mundo.

28. Lacan, J., *El seminario de Jacques Lacan. Libro 7. La ética del psicoanálisis 1959-1960, op. cit.*

Puertas y ventanas

En el estatuto de la obra-objeto el concepto de trama conoce quizá su encarnación más pura. Aquí toma cuerpo la crítica de Tàpies hacia cualquier modelo representativo de la pintura que encuentra en la célebre metáfora albertiana del cuadro como «ventana abierta al mundo» su ilustración más canónica. Tàpies, en varias ocasiones, ha reafirmado que el cuadro no es en absoluto una ventana abierta al mundo y sus colores, sino más bien una *puerta abierta al misterio del vacío.* Si la ventana funda el poder de la representación del cuadro instituido sobre la relación perspectiva figura-fondo y sobre la centralidad de la perspectiva autoral, la puerta, en su función de bisagra entre el dentro y el fuera, entre lo abierto y lo cerrado, entre la entrada y la salida, la puerta abierta al vacío encarna el icono de la poética del objeto que anula cualquier carácter representativo de la obra. La obra de arte, según Tàpies, no debe registrar en absoluto el acontecimiento del mundo, no puede reducirse a una actividad simplemente representativa, sino que debe saber generar un mundo del que ella custodia el misterio.

Por eso la puerta, a diferencia de la ventana, y de forma similar, con aún más fuerza, en los muros, asimila el fondo de la figura. El más allá —la trascendencia de la obra— no es exterior al cuadro, sino totalmente interior al cuadro. La puerta está cerrada, pero su apertura es siempre posible. Esto significa que la trascendencia no es alternativa a la inmanencia, sino su figura; la puerta cerrada está, en realidad, siempre abierta al misterio que custodia (Díptico negro, 1985). Así, la estructura de la obra como representación desaparece traumáticamente. Ninguna perspectiva, ninguna relación figura-fondo, ninguna ventana. Un ejemplo notable de este movimiento antiperspectivo es una obra titulada significativamente *Ventana al vacío* (1965):[29] el cuadrado de la ventana no se abre en absoluto sobre los colores del mundo, sobre la realidad objetiva del mundo, sino sobre un fondo monocromo, sobre un fondo abisal del negro que traga cualquier elemento visible. La recurrencia de la X encuentra aquí su razón de fondo: no se trata de enfatizar la determinación fenoménica de lo visible, sino de elevar el objeto a la dignidad de incógnita, al misterio insondable de la vida, de su absoluta presencia. Por

29. Tàpies, A., «Large Grey painting», en *The Complete Works*, Rizzoli, International Publications, Milán, 1991, pág. 270.

eso Tàpies define la propia pintura como un «materialismo místico»: en el centro de su poética no está el absoluto de Dios, sino aquel de la vida y la muerte.

«UN HIERRO QUE QUEMA EN LA CARNE...»

La obra de arte es tal, afirmaba Heidegger, si sabe abrir un mundo.[30] Esta apertura trae consigo el colapso del mundo ya constituido. Para que la obra pueda desarrollar su función de apertura sobre Otro mundo es necesaria la suspensión de la relación canónica con el mundo como algo ya notorio, ya visto, ya conocido. Sin embargo, esta suspensión ya no es el resultado de una actitud metódica del pensamiento —como sucede aún cartesianamente en la *epoché* husserliana—, sino que es más bien el efecto de un encuentro imprevisto, inesperado, traumático, de una colisión, un golpe, una contingencia que pega, un *Stoss*, por utilizar un término clave de Heidegger.[31]

El encuentro con la obra es un encuentro que trastorna el orden lineal, geométrico del espacio y del tiempo, es un encuentro que marca al sujeto despertándolo; es, como escribe Tàpies, el impacto con un

30. Heidegger, M., *El origen de la obra de arte*, LaOficina, Madrid, 2016.
31. *Idem*.

«hierro que quema la carne»,[32] con un acontecimiento que deja una «impronta real».[33] En este sentido el arte continúa siendo, para Tàpies —a diferencia de la naturaleza sólo teorética de la estética—, una práctica que no puede prescindir de la centralidad del brazo, de su electricidad. Sin la singularidad del acto, sin gesto, mano, cuerpo, sin colisión, ningún arte es posible. Esta consideración está en la base de lo que Tàpies mismo define como la función paradójicamente pedagógica y social de la obra de arte: para poder conducir al usuario «más allá de la última puerta», despertar del sueño, producir sueños en vez de un sueño sin sueños, producir en el sujeto un *shock* que rompa el vínculo rutinario con el buen orden del mundo.[34] Se trata de una concepción de la obra de arte en abierta polémica con la tendencia teorético-diurética del arte conceptual: hace falta la colisión, la impronta, el impacto, el hierro que quema la carne. De aquí la oposición entre la obra que se consagra al Ideal estético de lo Bello, *sub specie aeternitas*, y aquella que, en cambio, se realiza en el acto,

32. Tàpies, A., «La tradition et ses ennemies dans l'art actual», en *La pratique de l'art*, Folio essais, París, 1997, pág. 106.
33. Tàpies, A., «Un art pour les riches?», en *La pratique de l'art, op. cit.*, pág. 196.
34. Tàpies, A., «Déclarations», en *La pratique de l'art, op. cit.*, pág. 76.

en el acontecimiento, en el *Stoss*, en la apertura inesperada de otro mundo que descompagina el ya conocido. Se trata de una tensión que atraviesa también la reflexión de Lacan; aquella de la oposición entre el discurso establecido como *automaton* y la *tyche* como encuentro imprevisto, sorpresa, hallazgo, que entra en los vacíos intersticiales, en las discontinuidades y en las fracturas, de aquel discurso.[35] Por eso la obra de arte, según Tàpies, no puede nunca reducirse al mero reflejo o a una representación de la realidad entre las otras. Ella aparece más bien como *shock*, sorpresa, contraste;[36] *tyche* que interrumpe el sueño anónimo del *automaton*. Es del orden del *punctum* y no del *studiuum*, para recuperar una pareja de términos centrales en la reflexión estética de Roland Barthes:[37] la obra no estructura un orden, sino que lo subvierte, lo polariza desequilibrándolo, lo desestabiliza. El usuario es golpeado: no está intencionalmente activo respecto de la pasividad de la obra; más bien al contrario: es la obra la que sacude al usuario; no es

35. Lacan, J., *El seminario de Jacques Lacan. Libro 11. Los cuatro conceptos fundamentales del psicoanálisis*, Paidós, Barcelona, 1987.
36. Véase A. Tàpies, «La vocation et la forme», en *La pratique de l'art*, *op. cit.*, pág. 54, y en esta misma obra, «Un art pour les riches?», pág. 194.
37. Barthes, R., *La cámara lúcida*, Paidós, Barcelona, 2009.

el usuario que va hacia la obra, sino la obra hacia el usuario. Para Tàpies es literalmente una cuestión de «electricidad». Es la presencia de esta «electricidad» que distingue propiamente la obra de la no-obra.[38] El encuentro con la obra de arte sólo puede suceder si se realiza la transmisión de una sacudida, de un escalofrío perturbador. La electricidad de la obra indica, como afirmaba Adorno, «algo que resiste» (Adorno, 1983). Una alteridad que exhibe una radical autonomía. Por esta razón Tàpies puede afirmar que el valor de una obra de arte en sí misma es «nada» si no actúa como una especie de «trampolín» en condiciones de conducir al usuario no tanto a una significación particular, sino a un encuentro inesperado con lo real. Es la dimensión contingente de la *tyche*, del *Stoss*, del *punctum* que distingue el acontecimiento de la obra no como llegada a algo definido, sino como un verdadero «salto de cabeza en el vacío».[39] El trampolín de la obra rompe el círculo cerrado de las idealidades inmóviles y fuera del tiempo de la Academia, de la Estética y del Humanismo.[40] La

38. Tàpies, A., «Déclarations», en *La pratique de l'art, op. cit.*, pág. 82.
39. Tàpies, A., «Déclarations», en *La pratique de l'art, ibid.*, pág. 93.
40. Tàpies, A., «La vocation et la forme», *La pratique de l'art, ibid.*, pág. 61.

tyche arranca, como afirma Lacan, al sujeto del orden habitual, rutinario de la representación, de la repetición en serie de lo ya conocido y pensado. Es la condición general que Heidegger pone para la existencia de la obra de arte: no se trata de vehiculizar una significación a través de un mensaje más o menos cifrado, sino de realizar el acontecimiento de una apertura imprevista, inaudita, incalculable sobre otro mundo, sobre la inmanencia como figura de la trascendencia,[41] de realizar, diría Tàpies, la obra como puerta. No es casual que Lacan haya insistido mucho en subrayar el carácter creacionista (*ex nihilo*) de la obra de arte. Ella no viene del Otro, del discurso consolidado de las Academias o de la industria cultural, sino que surge «de la nada». La creación artística implica una condición de separación, de ajenidad, de heterogeneidad radical. Ella no consolida el gran Otro de la historia del arte o del mercado, sino que los disgrega. Por eso Lacan coloca la experiencia del vacío en el centro de su primera estética definiendo la tarea del arte como un ejercicio de organización de este mismo

41. «La puesta en obra de la verdad abre lo prodigioso, invirtiendo lo ordinario y lo que es mantenido como tal... Lo que es instaurado por el arte no encuentra contrapeso ni compensación en aquello que está inmediatamente presente y disponible», M. Heidegger, *Essere e tempo, op. cit.*, pág. 59.

vacío.[42] «Hacer el vacío», repite Tàpies, retomando a su vez el Lao-Tzu heideggeriano comentado por Lacan en el curso del Seminario VII, es el presupuesto fundamental para cualquier gesto creativo. Para llegar al acontecimiento de la obra hay que producir preliminarmente el vacío. Pero este vacío no indica la simple nada, no es una anulación, un aniquilamiento nihilista. Está en juego, más bien, la disolución del marco del Otro como aquello que encuadra de manera rígida el horizonte del mundo; es la desaparición de la idea del cuadro como ventana del mundo. Hacer el vacío significa atravesar esa ventana, atravesar el fantasma narcisista de la representación. No se trata de un vacío que ya está allí y se debe recubrir. La obra de arte tiene la función, más bien, de *hacer*, de *generar*, de *producir* el vacío. Sucede a todos los grandes: se trata de vaciar el mundo de todos sus significados ya establecidos para poder verlo en su ser como puro acontecimiento. Producir el vacío del silencio frente al enrigidecimiento de las significaciones, a su repetición amorfa y estereotipada. No se trata de la recuperación ideal de un tiempo originario, inocente, virginal, precedente al lenguaje. «Hacer el vacío» es in-

42. Lacan, J., *El seminario de Jacques Lacan. Libro 7. La ética del psicoanálisis 1959-1960, op. cit.*

troducir una discontinuidad respecto del Otro de la historia del arte; es recomenzar con un acto de absoluta invención. En efecto, para que haya creación es necesario olvidar todo aquello que ya está hecho. Es hacer posible la apertura de la puerta.

«EXTRAÑO DESTINO ESCRITO EN MI NOMBRE»

¿Cómo se realiza el anudamiento de la necesidad de la repetición —de todo lo que ya ha sido— con la contingencia de la invención, con la creación *ex nihilo* de la obra? ¿Qué ha significado para el maestro catalán «hacer el vacío»? Hemos dejado a Tàpies en el final de su travesía del espejo. Lo hemos dejado frente al enigma de la T, que se convierte en incógnita, misterio, huella singular. En el *Autorretrato* de 1950, como he subrayado, el índice del pintor señala su nombre reducido a una letra que es, al mismo tiempo, una gran T, su inicial, una cruz y una X. El índice del pintor sugiere una dirección: abandonar la seducción de la mirada para ir hacia el misterio de la letra. Hemos situado el concepto de trama y la poética del muro como resultado radical de aquella travesía. Pero no hemos visto cómo llega Tàpies a encontrar las propias obras como la repetición del extraño destino escrito en el propio nombre. Debemos intentar seguir paso a paso el acontecimiento de este encuentro traumático. Debemos intentar seguir este desarme, lento y traumático a la vez, que lo conduce ante una revelación tan crucial. Hemos dejado suspendida una pregunta: ¿cómo sucede este «salto cualitativo» que lo conduce a atravesar el espejo y a ir hacia el espesor mudo y escabroso del muro? Debemos intentar describir en detalle este sisma subjetivo, esta crisis, la vacilación traumática que lleva a Tàpies hacia el muro de la letra. Para intentar hacerlo debemos liberarnos de la idea de que la investigación artística es un camino recto y progresivo y que depende de las elecciones y de los actos determinados hechos intencionalmente por la conciencia del artista. El proceso creativo no está nunca orientado por la intencionalidad de la conciencia. La investigación del artista es más bien un movimiento incierto, hecho de tanteos y tropiezos. No hay una meta clara que alcanzar; no hay, a diferencia de lo que piensa la estética idealista, una obra ya presente en la mente del artista, que él debe limitarse a realizar objetivamente exteriorizando esta misma idea. La obra no es nunca una propiedad de la conciencia que espera el tiempo de su puesta en acto. El gesto creativo no traduce al exterior lo que se da como ya realizado en el interior. Responde más bien al inconsciente; es un acto que no realiza objetivamente la obra, sino que revela la obra, en el sentido de que la obra sucede no a través del carácter intencional de los actos, sino sólo a través de su relectura retroactiva; lo que he hecho habrá sido o no, en el tiempo del futuro anterior, una obra. Es esto lo que enseña el paradigma-Tàpies. No está primero la idea de la obra y luego su realización; está, más bien, la inmersión en una acción de escritura que genera en su movimiento la obra. El gesto de la creación se parece más a un descubrimiento que a una voluntad determinada; es unión profunda de necesidad y contingencia; es lectura retroactiva de la sucesión de los actos que constituyen el trabajo del artista.

Intentemos ahora seguir las desbandadas, la soledad profunda, la superación de los límites que acompaña a Tàpies hacia la revelación del muro. «Más tarde», escribe el artista, llegó «la hora de la soledad»,[43] de su travesía del desierto.[44] Se trata de un tiempo de soledad que ya no puede encontrar consuelo en la imagen narcisista del autorretrato. La aparición compulsiva y onírica de la mirada implorante y lacerada del primer período ha sufrido un lento proceso de «purificación». Esta soledad aparece como un «vacío central» que actúa como punto arquimédico: el vaciamiento del interior

43. Tàpies, A., «Comunication sur le mur», en *La pratique de l'art, op. cit.*, pág. 209.
44. Tàpies, A., *Autobiografia, op. cit.*

—del Ego— se convierte en la condición para la realización de la obra. Ningún modelo, ningún precedente, ninguna escuela o academia lo protege y asegura. Sólo una nueva visión que se le impone a partir de su desarme solitario. Primero el espejo, luego el desierto. Primero la «decoincidencia» con la propia imagen, luego la hora extrema de la soledad. Al fin, la revelación. Pero sucede todo en un instante, no en una progresión. Eso es: la tela se convierte de pronto en «un campo de batalla donde las heridas se multiplican infinitamente».[45] Soledad y batalla se entrelazan en un tiempo suspendido donde las aguas de la contingencia y las de la necesidad se mezclan. La figuración se eclipsa sustituida por una experiencia nueva, radicalísima, del silencio y del vacío. «Un fenómeno sorprendente», escribe el artista, sucede. Es un desgarro destinado a modificar no sólo el porvenir de su poética, sino, sobre todo, el valor de la propia vida. Sigamos las palabras con las que Tàpies describe este «fenómeno»:

> Todo se funda en una masa uniforme. El ojo ya no percibe las diferencias. Lo que había sido una ardiente ebullición se transforma en un si-

45. Tàpies, A., *Autobiografia, ibid.*

> lencio inmóvil... Luego un día intenté *alcanzar directamente el silencio*... me sometí a la necesidad que gobierna toda lucha profunda...[46]

Todo se funde; la figuración se eclipsa, fundida, justamente, en el conjunto. Ninguna figura y ningún fondo. Sólo una «masa uniforme». El ojo ya no percibe las diferencias. Primero la batalla, las heridas, el extrañamiento, la ebullición ardiente. Luego un «silencio inmóvil». Todo se deslía, después de una «lucha profunda», en una pacificación que tan sólo puede llegar en la cima del máximo contraste. Como si el silencio fuese alcanzado no por la vía de una progresiva reducción de los sonidos, sino por aquella de su imprevista y traumática acentuación. El impacto con un sonido particularmente fuerte genera el vacío del silencio. Al término de una lucha profunda y sin exclusión de golpes, escribe Tàpies, extenuado y superviviente, puede finalmente «alcanzar directamente el silencio». El acceso a la paz sucede después de una guerra radical. No por la sumisión del adversario, sino debido a un desarme inaudito, de una propia sumisión. Es otra enseñanza del paradigma-Tàpies. Se trata de abandonar el anhelo afanoso de la investigación para hacer posible

46. Tàpies, A., *Autobiografia, ibid.*

la gracia del encuentro. Es la máxima picassiana retomada también por Lacan en el Seminario XI: «Yo no busco, encuentro». Para encontrar lo absoluto del silencio, para recurrir directamente a él, es preciso dejar de buscar. Es preciso hacerse disponibles a la contingencia absoluta del encuentro. La pasión narcisista de la mirada retrocede, se rinde, deja de consumir al sujeto. Alcanzar directamente el silencio —el colmo del contraste violento provocado por un sonido fuerte— no es sólo el resultado de una deposición de la instancia narcisista-pasional del sujeto. Implica igualmente la sumisión del artista a una necesidad, antigua y nueva a la vez, que lo supera. Ya no el carácter misterioso e inasible de la mirada, sino la propia verdad, su mismo destino. Algo inaudito y, al mismo tiempo, sabido desde siempre, parece emerger del fondo de la tela como una revelación. Se trata de una metamorfosis. Es el momento tópico de la revelación: «Para mi sorpresa —comenta— un día descubrí que mis cuadros se habían transformado en muros...».[47] Es el paso fundamental: la seducción de la mirada está ahora a las espaldas; en su sitio, la aparición del muro. Ésta es la metamorfosis sorprendente que afecta al cuadro: la mirada se ha convertido en muro. Pero esta

47. Tàpies, A., *Autobiografia, ibid.*

transformación no es, repitámoslo, el resultado de una decisión voluntaria, de un plan, de un programa, ni aún menos la manifestación de una intuición estética, de la naturaleza romántica de la inspiración. Esta transformación se produce, más bien —como sucede también en un recorrido de psicoanálisis—, a partir de un abandono, de un debilitamiento del Yo, de su eclipse. No es una opción deliberada: se impone al sujeto con la fuerza de una revelación, de una verdadera visitación. El artista es el primer sorprendido por esta nueva visión: «Mis cuadros se han convertido en muros». Mientras que la persecución del secreto de la mirada lo agotaba como una pesadilla acuciante, esta nueva transformación le permite liberarse de la prisión del narcisismo para encontrar la cifra más profunda de la propia existencia. Desde ahora nada será como antes: la revelación del muro es un parteaguas irreversible entre un antes y un después. Esta revelación fue anunciada en la transformación de la T de Tàpies en cruz aparecida ya en el *Autorretrato* de 1950. Ahora coincide con el encuentro con el propio destino. En efecto, como ya comentamos, en la lengua materna de Tàpies, el catalán, «Tàpies» significa «muro». El cuadro que se transforma en muro realiza el encuentro fundamental del sujeto con su propio real, con lo real asemántico de la letra que trae su nombre. Es una *tyche*: el encuentro, como escribe Tàpies, con «el extraño destino escrito en mi nombre».[48] No debemos pasar por alto observar la presencia constante en la obra de Tàpies de la impronta del pie o de los dos pies. Esta presencia enigmática está en la órbita de la repetición fundamental de la letra: en efecto, otro significado que la lengua catalana atribuye a Tàpies es también el de «pies». No es casual tampoco el mito familiar relativo al nacimiento del pequeño Antoni; según el relato materno, el niño habría nacido podálico, salido del regazo materno con los pies y no con la cabeza...

La realización del «nombre propio» no es, como para Joyce, el fruto de una acentuación de la voluntad del Ego. Tàpies no es, a diferencia de Joyce, psicótico. No cree ser el Creador de la lengua, no desafía irónicamente las leyes universales del lenguaje. Su rigor no rechaza el inconsciente. La realización tapiesiana del «nombre propio», a diferencia de la joyciana, no priva al sujeto del inconsciente,[49] sino que expresa la dimensión más pura del *hallazgo*, de la *tyche*, de la contingencia absoluta del encuentro. Tàpies encuentra lo Mismo, lo idén-

48. Tàpies, A., *Autobiografia, ibid.*, pág. 31 y págs. 233-234.
49. La tesis del «desabonado del inconsciente», a propósito de Joyce, es sostenida por J. Lacan en *El seminario. Libro 23. El sinthome (1975-1976)*, Paidós, Barcelona, 2006.

tico, la función-marca de su propio nombre sólo después de haberlo inútil y afanosamente buscado en el misterio de la mirada. Lo encuentra como el resultado de una metamorfosis inaudita. No se trata, como para Joyce, de «*hacerse un nombre*» a través de la propia obra: convertirse en James Joyce, convertirse en el padre de la literatura contemporánea, instituir el propio Ego sobre el «escabel» del propio arte, del propio *artgoeuil*.[50] A diferencia de la exigencia joyciana de inscribir el propio nombre en la historia de la literatura gracias a un gesto extremo de afirmación del propio arte, Tàpies *encuentra* su nombre como destino más allá de cualquier esfuerzo de la voluntad —esfuerzo que, en cambio, connota al máximo toda la obra de Joyce—, más allá de cualquier decisión del Ego. Más bien, el hallazgo de Tàpies se produce con el mismo estilo que una formación del inconsciente. Es la sorpresa de un encuentro que desplaza y desorienta cualquier investigación hermenéutica. Es un hallar que anticipa y subordina a sí cualquier buscar. En efecto, como enseña el psicoanálisis, lo que no puede ser dicho, ni buscado, lo que escapa del control de la lengua,

50. Neologismo con el que Lacan mezcla el arte y el orgullo. Son éstas, en pocas palabras, las tesis que Lacan desarrolla en el Seminario XXIII.

lo que excede del plano intencional de la obra, tiende a escribirse. He aquí delinearse, entonces, la paradoja del momento crucial que ha conducido al artista más allá de la captura hipnótica de la mirada. Tàpies puede encontrar sólo en la dimensión de la sorpresa —de la gracia de la revelación— lo que sabía, en realidad, desde siempre: la necesidad profunda, la letra que ha determinado su ser. Es solamente en el tiempo del *après coup* que el sujeto puede recuperar aquello que el Otro ha hecho de él, las marcas de su alienación. Si Joyce quiere «hacerse un nombre» a partir de un ejercicio metódico de la voluntad, privada, desabonada del inconsciente, si Joyce es el paradigma del arte instituido sobre la decisión del Ego que se convierte en artífice de una nueva lengua, Tàpies encuentra, en cambio, en la sorpresa del inconsciente su esencia como aquello que «ya ha sido», como su destino.

«¡Tú eres esto!»

En la poética del muro de Tàpies la materia aparece impregnada por una serie infinita de significaciones, huellas, improntas, signos, letras. El muro se ofrece como una superficie sobredeterminada, como lugar de inscripciones múltiples, individuales y colectivas, históricas y fantasmáticas. El esfuerzo del artista pretende captar en el muro lo esencial de la materia, la trama, el vacío, el soporte real de todas las representaciones, «el silencio inmóvil» del ser como estructura última de la materia. En un primer tiempo, pues, el muro se revela como la matriz de una proliferación infinita del sentido, como una condensación poética de significaciones múltiple. El muro es, en sí mismo, repetición necesaria y contingencia singular. Ésta es la extraordinaria serie de «sugestiones» del muro que Tàpies evoca a su vez de manera lírica:

> Separación, clausura; muros del llanto, muros de las prisiones; testimonios del paso del tiempo, superficies lisas, serenas, blancas, superficies atormentadas, viejas, decrépitas; signos de improntas humanas, de objetos, de elementos na-

turales; sensación de lucha, de esfuerzo, de destrucción, de cataclismo o de construcción, de creación, de equilibrio; detritos de amor, de dolor, de disgusto, de desorden; prestigio romántico de las ruinas; aportación de materias orgánicas, formas sugestivas de ritmos naturales y del movimiento espontáneo de la materia; sentido del paisaje, sugestión de la unidad fundamental de todas las cosas; materia generalizada, afirmación y valorización del elemento tierra; posibilidad de distribución variada y de combinación de grandes masas, sensación de caída, de hundimiento, de expansión, de concentración; rechazo del mundo, contemplación interior, aniquilación de las pasiones, silencio, muerte; laceraciones, torturas, cuerpos descuartizados, detritos humanos; equivalencia de sonidos, cicatrices, raspaduras, explosiones, descargas de fuego, golpes, martilleos, gritos, ecos que resuenan a través del espacio; meditación de un tema cósmico, reflexión gracias a la contemplación de la tierra, del magma, de la lava, de la ceniza; campo de batalla, jardín, terreno de juego, destino efímero...[51]

51. Tàpies, A., «Comunication sur le mur», en *La pratique de l'art*, Folio essais, París, 1997, págs. 212-213.

Pero, en un segundo tiempo, el muro se manifiesta como la reducción extrema de esta proliferación significante. En efecto, si por un lado el muro de Tàpies es el muro del lenguaje, por el otro, encarna lo real como «centro externo» al lenguaje. En primer plano, en este segundo rostro del muro, ya no son las huellas de vida y de muerte lo que el muro conserva en su superficie, sino su absoluta presencia, la existencia misma del muro. En este segundo rostro del muro, Tàpies puede encontrar el propio nombre más allá de cualquier ilusión narcisista. Lo encuentra como destino, como muro ineludible, como cifra del propio destino. En la práctica del psicoanálisis ésta es la dimensión más propia de la repetición: algo que no se sortea, no se elude, no cesa de escribirse. El paso de Tàpies se produce, así, como una doble reducción. Primero, como hemos visto, la reducción de la representación narcisista del Yo en el muro, de la reciprocidad del autorretrato a la asimetría radical del cuadro monocromo, del espejo al muro. En un segundo tiempo, en cambio, es aquella la que instala el muro, marca irreductible del encuentro con el propio destino, con la propia «esencia» escrita desde siempre. Es sólo aquí que la repetición puede alcanzar su punto más extremo. Es una lección que afecta al proceso creativo en general: la creación artística es, por un lado, siempre una creación *ex nihilo*, absolutamente contingente, desgarro e interrupción de la repetición; por otro lado, se manifiesta como realización de aquello que estaba escrito desde siempre, como revelación de una «necesidad profunda» a la cual el sujeto está sometido. No es el artista el que puede gobernar íntegramente el proceso creativo, sino que es, paradójicamente, el mismo artista el que vive el acontecimiento de la obra como algo que lo trasciende. En el caso de Tàpies el nombre del sujeto —que indica su alienación originaria en el campo del Otro— puede ser retomado por el artista como nombre propio, es decir, como muro; está en el reconocimiento de una especie de alteridad interna. «¡Tú eres esto!» es el modo con el cual, no por casualidad, Lacan formula el resultado último del trabajo de análisis. ¡Tú eres esto! ¡Tú eres Tàpies! ¡Tú eres lo que has sido! ¡Tú eres un muro! Se trata, en el fondo, de una modalidad de elaboración de la división del sujeto que no conduce al culto neurótico de la «ausencia de ser» y del sacrificio de sí. Más bien emerge una nueva forma de ser del sujeto. Es lo que Lacan define como «identificación con el propio síntoma». Se trata de un enredo particular de contingencia y necesidad: *el acto creativo es una invención contingente que sólo puede suceder sobre el fondo de una repetición necesaria*. El proceso de la creación artística coincide con aquel de la subjetivación: en ambos casos se trata de dar una forma nueva a aquello que se ha sido desde siempre; emerger como singularidad irrepetible y contingente desde el fondo de necesidad que ha constituido nuestra proveniencia. En otras palabras, aquí estamos extremadamente cerca del modo con que Heidegger concibe, en *Ser y tiempo*, la relación fundamental del sujeto con el propio ser-para-la-muerte como relación que permite «convertirse en aquello que se es». Esta posibilidad —la posibilidad más propia de la existencia—, no es, en efecto, una posibilidad entre otras, sino la posibilidad de todas las posibilidades, en cuanto, siendo la única posibilidad imposible de eludir, revela todas las otras posibilidades como posibles. Antoni Tàpies, que conocía bien al Heidegger de *Ser y tiempo*, muestra a través de la propia obra cómo la creación no se revela simplemente en cuanto realización de un proyecto intencional, sino como sorpresa de una repetición que viene del futuro, de lo aún no realizado. Heidegger mismo define el proceso de subjetivación de la existencia como resultado de una posibilidad heredada y, sin embargo, paradójicamente, asumida, elegida, decidida.[52]

52. Heidegger, M., *Essere e tempo*, Longanesi, Milán, pág. 460. [Trad. cast.: *Ser y tiempo*, Trotta, Madrid, 2012].

Todo proceso creativo implica el atravesamiento del propio fantasma que afloja la necesidad inexorable de la repetición —la aparición del primer tiempo de la obra de Tàpies de las miradas espectrales— haciendo posible una nueva contingencia. En este caso la obra no deriva de la intencionalidad del artista y de su voluntad, sino, como hemos visto, sólo de su deposición. De este modo, en efecto, la necesidad a la cual está vinculada la contingencia del acto creativo puede resolverse en una nueva forma. Los cuadros-muros de Tàpies son, de hecho, nuevos y antiguos a la vez; provienen de la necesidad «más profunda» del pasado, pero traen consigo una apertura inédita, nueva, nunca vista.

En la identificación de la marca del propio pasado —de su letra-marca—, pasa a primer plano la coincidencia misteriosa de contingencia y necesidad; el milagro de una asunción contingente de la propia necesidad de la que toda obra de arte está constituida. Es, en otras palabras, querer lo que ha sido, hacerlo nuevo en una repetición que hace posible lo inédito: ser muro, ser cruz, ser Tàpies: identidad última del ser y de la palabra, diría Lacan.[53]

53. Lacan, J., «Varianti della cura tipo», en *Scritti*, Einaudi, Milán, 2002, pág. 353.

Bibliografía

Adorno, T. W. (1983). *Teoria estetica,* Orbis, Barcelona.

Alameda, S. (2004). «La vida, por Tàpies», *El País semanal,* 31 de octubre de 2004.

Balsamo, M. (2018). *Ascoltare il presente,* Mimesis, Milán.

Barthes, R. (2009). *La cámara lúcida,* Paidós, Barcelona.

Cheng, F. (1979). *Vide et Plein: le langage pictural chinoise,* Gallimard, París [Trad. cast.: *Vacío y plenitud,* Siruela, Madrid, 1993].

— (1995). «Le temps chez Tàpies», en AA. VV., *Tàpies,* Edition Jeu de Paume, París.

Freud, S. (2013). *«Al di là del principio di piacere»,* en *Opere,* vol. IX, Bollati Boringhieri, Turín [Trad. cast.: *Más allá del principio del placer,* Amorrortu, Madrid, 2016].

Heidegger, M. (1976). *Essere e tempo,* Longanesi, Milán [Trad. cast.: *Ser y tiempo,* Trotta, Madrid, 2012].

— (2016). *El origen de la obra de arte,* LaOficina, Madrid.

Jullien, F. (2019). *Il gioco dell'esistenza. De-coincidenza e libertà*, Feltrinelli, Milán.

Lacan, J. (1987) [1958]. «De una cuestión preliminar para todo tratamiento posible de la psicosis», en *El seminario. Libro 5: La formación del inconsciente*, Paidós, Barcelona.

— (1987). *El seminario de Jacques Lacan. Libro 11. Los cuatro conceptos fundamentales del psicoanálisis*, Paidós, Barcelona.

— (2006). *El Seminario de Jacques Lacan Libro 23. El Sinthome 1975-1976*, Paidós, Barcelona.

— (2002). «Questione preliminare ad ogni possibile trattamento della psicosi», en *Scritti*, vol. 2, Einaudi, Milán.

— (2002b). «Varianti della cura tipo», en *Scritti*, Einaudi, Milán.

— (2009). *El seminario de Jacques Lacan. Libro 7. La ética del psicoanálisis 1959-1960*, Paidós, Barcelona.

— (2010). «Lituraterre», en *El seminario. Libro 18. De un discurso que no fuera semblante*, Paidós, Barcelona.

Menna, F. (1983). *La linea analitica dell'arte moderna. Le figure e le icone*, Einaudi, Turín.

Pasqualotto, G. (1992). *L'estetica del vuoto*, Marsilio, Padua.

Raillard, G. (1994). *La syllabe noire de Tàpies*, André Dimanche Editeur, París.

Recalcati, M. (2019). *Melancolía y creación en Vincent Van Gogh,* NED Ediciones, Barcelona.

Ricoeur, P. (2002). *Della interpretazione. Saggio su Freud,* Il Saggiatore, Milán.

Sartre, J. P. (2016). *La náusea,* Alianza Editorial, Madrid.

Tàpies, A. (1977), *Memòria personal,* Editorial Crítica, Barcelona.

— (1982). *Autobiografía,* Marsilio, Venezia.

— (1983). *Memoria personal,* Seix Barral, Barcelona.

— (1986). *El arte contra la estética,* Planeta, Barcelona.

— (1991). «Large Grey painting», en *The Complete Works,* Rizzoli International Publications, Milán.

— (1997). «Comunication sur le mur», en *La pratique de l'art,* Folio essais, París. [Trad. cast.: *Comunicación sobre el muro,* Rosa cubica ediciones, Barcelona, 1998].

— (1997b). «La tradition et ses ennemies dans l'art actual», en *La pratique de l'art,* Folio essais, París.

— (1997c). «Un art pour les riches?», en *La pratique de l'art,* Folio essais, París.

— (1997d). «Déclarations», en *La pratique de l'art,* Folio essais, París.

— (1997e). «La vocation et la forme», en *La pratique de l'art,* Folio essais, París.

— (2015) *Memoria Personal. Fragment per a una autobiografía,* Fundació Antoni Tàpies, Barcelona.

Made in the USA
Monee, IL
10 September 2026

62771017R00059